BEI GRIN MACHT SIC
WISSEN BEZAHLT

- Wir veröffentlichen Ihre Hausarbeit,
  Bachelor- und Masterarbeit

- Ihr eigenes eBook und Buch -
  weltweit in allen wichtigen Shops

- Verdienen Sie an jedem Verkauf

Jetzt bei www.GRIN.com hochladen
und kostenlos publizieren

Anne-Kathrin Wilde

"Denn ohne Stress keine Evolution. Auch nicht im Theater"

Das Phänomen Regietheater erklärt anhand Cole Porters Musical 'Kiss me Kate' in einer Inszenierung von Barrie Kosky

GRIN Verlag

Bibliografische Information der Deutschen Nationalbibliothek:

Die Deutsche Bibliothek verzeichnet diese Publikation in der Deutschen National-
bibliografie; detaillierte bibliografische Daten sind im Internet über http://dnb.d-
nb.de/ abrufbar.

Impressum:

Copyright © 2009 GRIN Verlag GmbH
Druck und Bindung: Books on Demand GmbH, Norderstedt Germany
ISBN: 978-3-640-36985-0

Dieses Buch bei GRIN:

http://www.grin.com/de/e-book/131006/denn-ohne-stress-keine-evolution-auch-
nicht-im-theater

GRIN - Your knowledge has value

Der GRIN Verlag publiziert seit 1998 wissenschaftliche Arbeiten von Studenten, Hochschullehrern und anderen Akademikern als eBook und gedrucktes Buch. Die Verlagswebsite www.grin.com ist die ideale Plattform zur Veröffentlichung von Hausarbeiten, Abschlussarbeiten, wissenschaftlichen Aufsätzen, Dissertationen und Fachbüchern.

Besuchen Sie uns im Internet:

http://www.grin.com/

http://www.facebook.com/grincom

http://www.twitter.com/grin_com

Inhaltsverzeichnis

I Einleitung

„[...] ab wann empfinden wir eine Inszenierung, die vielleicht mit radikalen Kürzungen, Umschreibungen, Fremdtexten und Medienwechseln arbeitet, als Etikettenschwindel – und wann als gelungene, herausfordernde oder gar großartige (Neu-)Entdeckung eines Stückes?"[1]

Dies soll die Ausgangsfrage dieser Arbeit sein. Die Debatte über das Regietheater bringt unvermeidlich eine Auseinandersetzung mit dem Thema Werktreue mit sich. Es scheint als würden diese beiden Begriffe in absoluter Rivalität zu einander stehen und niemals mit einander vereinbar sein. Es heißt dem Regisseur fehle es an Respekt vor dem literarischen Text, denn er kürzt ihn, schreibt ihn um und interpretiert ihn auf seine eigene Art und Weise. Er zeigt nur wenig Verständnis für die eigentlichen Intentionen des Autors und versucht den ursprünglich historischen Stoff durch zeitgenössische Elemente und eine Neuübersetzung der Sprache in die Gegenwart zu tradieren und dadurch zu aktualisieren. Dies sind die Vorwürfe, die man den heutigen Regisseuren des Regietheaters macht, doch was ist eigentlich Regietheater? Und was ist Regie? (siehe Kapitel 2) Bevor diese Fragen beantwortet werden sollen, wird ein kurzer Überblick über die Funktion der Kunst und des Theaters insbesondere in unserer westlichen Gesellschaft gegeben (siehe Kapitel 1). Danach folgt ein Abriss der Geschichte der Theaterregie, denn der Begriff und die zugehörigen Aufgaben des Regisseurs sind erst wenige Jahrzehnte alt. In der heutigen Theatertradition scheint die Relation von Werk und Inszenierung nicht unproblematisch. Viele Inszenierungen werden als „Ekeltheater" mit möglichst viel Blut, Gewalt, Fäkalien, Obszönitäten, Sex und Nacktheit auf der Bühne verschrien.[2] Es stellt sich also die Frage wie weit darf eine Inszenierung gehen? Wie nah ist die Inszenierung noch an dem originalen Werk dran und wie sieht es mit dem Urheberrecht aus? (siehe Kapitel 3) Regietheater steht in einem absoluten Spannungsfeld, denn die Meinungen darüber könnten verschiedener nicht sein (siehe Kapitel 4). Regietheater polarisiert, so auch die Inszenierung des Musicals *Kiss me Kate* von Barrie Kosky an der Komischen Oper, Berlin im Mai 2008. Diese Inszenierung, eine Adaption von Shakespeares *Der Widerspenstigen Zähmung* (ca. 1593/94),[3] überträgt die Geschichte des Mädchens was sich nicht bändigen lässt jedoch in ein ganz neues Milieu. Anhand einer Analyse der

---

[1] Gutjahr 2008:5
[2] Gutjahr 2008:15
[3] Suerbaum 2006:91

stilistischen Merkmale dieser Inszenierung sollen die Vor- sowie die Nachteile des Regietheaters erläutert werden (siehe Kapitel 5). Abschließend folgt ein Fazit.

II Hauptteil

1. Funktionen des Theaters in der westlichen Gesellschaft

Theater, Musik, Kunst und Literatur sind und waren schon immer das Spiegelbild gesellschaftlicher Sachverhalte. Ihre Inhalte sind stets auf die Wirklichkeit bezogen oder stehen in unmittelbarem Zusammenhang. Der eigentliche Kunstbegriff wird durch vier verschiedene Pole beeinflusst: den Auftraggeber, den Künstler, den Vermittler und das Publikum.[4] Dieser Einfluss der vier Pole war im Laufe der Geschichte nicht immer gleich stark, sondern hat sich verlagert. Vor allem die empirische Kunstsoziologie setzt sich mit dem Thema auseinander wie man systematisch soziale Entstehungsbedingungen eines Werkes, Vermittlungsformen, Aneignungsweisen und Wirkungen untersuchen kann. Dabei wird insbesondere auf die Produktion, die Distribution, die künstlerische Sozialisation und die Rezeption eingegangen.[5] Die Wechselwirkungen zwischen den sozialen Funktionen von Kunst, in unserem Falle Theater, gesellschaftlichem Wandel, theatralischer Tätigkeit und den Veränderungen der theatralen Praxis, die mitunter historisch bedingt sind werden untersucht.

Vorab ist zu sagen, dass sich gerade auf Grund gesellschaftlicher Veränderungen Vermittlungsformen, Aneignungsweisen und Wirkungen des Theaters weiterentwickeln. Dieser Aspekt ist eigentlich einleuchtend und besonders wichtig um deutlich zu machen, dass auch das Regietheater eine angemessene Form der Bühnenpraxis ist, die einfach den Fortschritt der heutigen Zeit widerspiegelt.

Nun ist das Theater in seiner Kunstform eine besondere Alternative, denn es erprobt das menschliche Leben und führt es dem Publikum vor Augen. Es präsentiert positive sowie negative (alltägliche) Ereignisse und Emotionen mit denen sich meist jeder auf eine Art identifizieren kann.

---

[4] Garaventa 2006:23
[5] Garaventa 2006:23

„Theater kann Gesellschaft mit sich selbst in Übereinstimmung bringen oder mit einer anderen Wahrheit konfrontieren."[6]

Theater kann also als moralische, politische oder aber auch als nichtssagende Anstalt bezeichnet werden. Es hat eine informative, erzieherische und eine unterhaltende Funktion. Es ist aber auch Massenkommunikationsmittel. Sobald man sich vor ein Publikum stellt und „Geschichten" erzählt, verbreitet man diese auch und trägt sie an die Öffentlichkeit. Man kann also das Theater durchaus als Kommunikationsmedium bzw. als ein Mittel des sozialen Kampfes nutzen, da es der Formung und Erziehung der Massen aber auch der Umgestaltung der Gesellschaft dienen kann. Theater sowie Kunst im allgemeinen befriedigen Bedürfnisse, wecken sie jedoch auch. Es soll Emotionen auslösen und durch das (Wieder-) Erkennen einen identifikatorischen Prozess bewirken. Zudem erfüllt es die Aufgabe des Unterhaltens. Der Zuschauer wird je nachdem in fremde Welten versetzt werden und kann durch die theatrale Ästhetik berührt und glücklich gemacht werden. Garaventa zitiert Silbermann, der sagt:

„Theater wird erfahren als sozialer Luxus, moralische Anstalt, autonome Erfahrung, Flucht aus der Wirklichkeit, als geistiger Ort, als formalistische Schönheit, als rein ästhetischer Vorgang."[7]

Es erfüllt also verschiedenste Aufgaben in der Gesellschaft. Der ästhetische Vorgang, wie Silbermann das Theater unter anderem bezeichnet, ist jedoch abhängig vom jeweiligen Betrachter. Das Regietheater spielt mit den uns bekannten Seh- und Hörgewohnheiten und stellt diese auf die Probe. Wie genau das aussehen kann, wird in Kapitel 5 anhand des Beispiels *Kiss me Kate* in einer Inszenierung von Barrie Kosky ausführlicher behandelt. Zunächst aber stellt sich die Frage: Was ist eigentlich Regietheater?

---

[6] Garaventa 2006:43
[7] Garaventa 2006:45

4

2. Inszenierung – Regie - Aufführung

2.1 Was ist Regie? Was ist Regietheater?

Bereits im Alten Athen wurde zur Einstudierung der Tragödien für die Dionysien eine Person benötigt, die die Verantwortung für die Aufführungen tragen sollte. Die Vorbereitungen für diese Festspiele zogen sich über mehrere Monate hin und beinhalteten die Verfassung des Textes sowie das Einstudieren mit den Chorälen und Schauspielern.

Schon damals gab es also jemanden, der die Regie (frz. *régie* „verantwortliche Leitung"; lat. *regere* „regieren")[8] führte und für die gesamte Organisation einer Aufführung verantwortlich war. Im Allgemeinen Theaterlexikon von 1846 werden die Aufgaben eines Regisseurs als das Ordnen des Personals und Materials zum Ganzen der Darstellung einer dramatischen Dichtung beschrieben.[9] Damals galten diese Aufgaben noch nicht als künstlerische Tätigkeiten. Heute ist jedoch sicher, dass ein Regisseur nicht nur sein Handwerk kennen und gewisse Fähigkeiten mitbringen muss, sondern dass er auch spezielle Kenntnisse wie z.B. über historische Baustile und Kostüme haben sollte. Die Inszenierung an sich entwickelte sich allmählig als eine eigenständige Kunstform. Dieser Wandel wurde erst durch die Avantgarde-Bewegungen zwischen 1900-1930 möglich, als das Theater zu einer eigenständigen und von der Literaturform unabhängigen Kunstform deklariert wurde. Als Gestalter dieses Kunstwerks galt der Regisseur und dies ist auch heute noch der Fall. Er bestimmt welche theatralischen Elemente wann, wo und wie lange auf der Bühne vor dem Publikum sichtbar gemacht werden und wann diese Elemente wieder verschwinden sollen. Hierbei ist wichtig, das man zwischen Inszenierung und Aufführung unterscheidet, denn erst die Aufführung vor einem Publikum, dessen Wahrnehmung und die darauf folgenden Reaktionen lassen letztendlich die Aufführung entstehen. Nicht selten unterscheiden sich die Ereignisse während einer Aufführung von denen die eine Inszenierung ursprünglich beabsichtigt hat. Ein Regisseur kann also nur Vorgaben für eine Aufführung liefern; deren tatsächlicher Verlauf ist allerdings während des Ereignisses weder festleg- oder vorhersagbar, noch ist es möglich sie zu kontrollieren. Diese Eigenschaften macht sich das Regietheater zu nutze, weiß es doch zu provozieren und unerwartete Elemente auf die Bühne zu bringen. Der Begriff Regietheater ist in den 1970er Jahren in der Theaterkritik entstanden und bezeichnet eine Inszenierung bei der der Regisseur die ursprünglichen Intentionen des Dramatikers (im Musiktheater auch des Komponisten) „verletzt", indem er zu viele eigene Ideen umsetzt. Regietheater soll jedoch

[8] http://de.wikipedia.org/wiki/Regie (11.3.2009 11:01h)
[9] Fischer-Lichte 2005:147

5

kein neuer Gattungsbegriff sein, trägt er doch eine negative Konnotation mit sich und ist folglich zu wenig neutral. Des Weiteren wird er für Regisseure verschiedenster Stilrichtungen gebraucht und ist deshalb nicht genau definierbar. Dennoch gibt es Eigenschaften die dem Regietheater zuzuschreiben sind. Ein Regisseur orientiert sich mehr oder weniger frei an einer Textvorlage und stellt einen Gegenwartsbezug her. Eine Inszenierung bietet Freiraum auszuprobieren, für Interpretation und Improvisation. Der Wandel der Regiekonzeptionen hat seinen Ursprung in Theaterauffassungen, die durch gesellschaftliche Veränderungen ausgelöst wurden. In dieser Arbeit wird der Begriff Regietheater also im Sinne einer Regiearbeit benutzt, die ein literarisches Werk bezüglich seiner gesellschaftlichen Kontexte interpretiert und somit aktualisiert. Auch Guido Hiss ist der Ansicht, dass Regietheater nicht etwas „Fixiertes" sein kann, denn jede Aufzeichnung ist eine Übersetzung in ein anderes Medium.[10] Viele Regisseure, die die großen Klassiker inszenieren, kommen oftmals aus fremden Bereichen wie dem Film oder der bildenden Kunst und nutzen diese Qualitäten um einem Werk einen neuen, anderen, gegebenenfalls moderneren Charakter zu geben. Die Semiotik ermöglicht es einen Text vielerlei zu deuten. Die Mehrdeutigkeit der eingesetzten theatralen Zeichen und Symbole bietet gleichzeitig verschiedene Bedeutungsebenen.

> „[...] in dem Moment, wo man in einer Inszenierung einen Schuh einsetzt, der nichts als ein Schuh ist, hat das keine Komplexität. Diese entsteht erst, wenn der Betrachter dem Schuh eine weitere Bedeutung verleihen kann. Es geht also darum, dass man als Regisseur verschiedene Bedeutungsebenen schafft. Das ist der Kern des Regietheaters."[11]

Das heutige Regietheater arbeitet verstärkt mit multimedialen Mitteln wie Videoclips, Musikeinspielungen oder Bildprojektionen. Dadurch wird auch der Zuschauer zu einer neuen Art des Sehens gebracht anhand derer er sich anders mit dem Bühnengeschehen auseinandersetzen muss. Ihm selbst wird also eine neue, bedeutende Rolle zugeschrieben. Es steht dem Zuschauer offen anhand von Gesten, Mimik und Zwischenrufen das Bühnengeschehen direkt zu kommentieren. Die heutige junge Generation ist durchaus offener für das Phänomen Regietheater. Sie ist zunehmend daran gewöhnt und hat eine veränderte, ästhetische Erfahrung als andere Generationen.

---

[10] Garaventa 2006:20
[11] Briegleb 2006:99 In: Gutjahr, O. (Hrsg.) Regietheater! Wie sich über Inszenierungen streiten lässt.

6

2.2 Geschichte der Theaterregie

Regie war im deutschsprachigen Theater des 18. Jahrhunderts weitgehend unbekannt, denn man verließ sich auf das Improvisationstalent der Schauspieler. Auch die Bezeichnung des Regisseurs entwickelte sich erst im letzten Drittel des 18. Jahrhunderts. Der einstige Spielleiter hatte bis dahin rein organisatorische und bühnentechnische Aufgaben. Der Standpunkt der Regisseur sei auch ein Künstler spielte bis dato keine Rolle. Eine Aufführung erhielt ihren Kunstcharakter ausschließlich durch den Dramentext eines möglichst namhaften Autors. Der Autor und seine Arbeit wurden nie in Frage gestellt oder kritisiert, vielmehr galt seine Kunst als heilig. Ortrud Gutjahr bezieht sich auf Goethe, denn bereits er vertrat die Meinung:

„dass der eigentliche Kunstcharakter nicht schon durch Partitur und Libretto gegeben ist, sondern erst durch die Aufführung eingelöst wird. "[12]

Nach seiner Auffassung nach sollte es durchaus möglich sein, eigene Vorstellungen in die theatralische Form umzusetzen. Durch die Ensemblebildung und die Einführung von Bühnenproben zur Verbesserung des körperlichen Ausdrucks, konnte seine bühnenpraktische Arbeit intensiviert werden. Das Theater wirkte nicht mehr nur als moralische Anstalt, sondern konstituierte sich als vom literarischen Text unabhängiges, autonomes Kunstwerk.

Auch Edward Gordon Craig sträubte sich gegen die Auffassung eine Inszenierung müsse dem literarischen Text dienen, indem sie die Intentionen des Autors verwirklichte.

Bis zum 18. Jahrhundert lebten Autor und Publikum in der selben Zeit, wodurch die Inszenierung eines Werkes festgelegt war. Der Autor konnte damals noch direkt seine Intentionen äußern. Im 19. Jahrhundert bildete sich dann das Repertoiretheater und man begann historische Werke wieder aufzuführen. Es folgte die Herausforderung aufzuklären welche Aufführungstraditionen in früheren Zeiten herrschten. Man musste sich auf frühere Bühnenbilder oder Kostüme verlassen um herauszufinden was die ursprüngliche Absicht des Autors war. Es gab keine Aufzeichnungen, die ermöglicht hätten eine Aufführung visuell festzuhalten. Fortschrittliche Techniken und Elektrizität ermöglichten ab ca. 1880 eine veränderte, mobile Bühnenpraxis. Sie schufen nicht nur eine Verbindung zwischen Kunst und Wissenschaft, sondern ermöglichten auch einen barrierefreien künstlerischen Austausch zwischen verschiedenen Kulturen. Während im 18. Jahrhundert noch die Botschaft im

---

[12] Gutjahr 2006:16

Mittelpunkt eines literarischen Werkes stand und Theater den Zuschauer verbessern, belehren und bilden sollte hat sich Ende des 19. Jahrhunderts der Schwerpunkt verlagert. Die Kommunikation zwischen Schauspieler und Zuschauer stand im Vordergrund. Der Zuschauer sollte als produktiver Rezipient am Theatergeschehen teilnehmen und man wand sich ab von einer realistischen Bühnenpraxis. Bereits Adolphe Appia und Wsewolod E. Meyerhold trugen zu einer neuen Bühnenästhetik bei. Ihre Namen stehen für ein expressionistisches Theater. Sie forderten eine totale Erneuerung des Theaters unter der Verwendung von Licht, Farbe, Musik, Geräuschen und Körperbewegungen. Die Ästhetik einer Inszenierung bekam ein anderes Gewicht. Auch die Avantgarde-Bewegung in den 1920er Jahren trug einen bedeutenden Anteil zu einer Theaterreform bei. Zu dieser Bewegung gehörten Bertholt Brecht, Leopold Jessner, Erwin Piscator u.a. Diese Regiegeneration entwickelte neue künstlerische Verfahren wie die Montage oder Kommentierung. Als wirklicher Begründer des Regietheaters gilt jedoch Max Reinhardt. Er hatte die Ansicht, dass sich ein Stück erst beim Probenprozess durch die Persönlichkeit des Schauspielers entwickele. Außerdem verstand er es ein geschicktes Zusammenspiel zwischen Bühnenbild, Sprache, Musik und Tanz zu schaffen. Einen großen Stellenwert nahm bei Reinhardt die Improvisation in Anlehnung an die Spielform der Commedia dell'arte ein. Die naturalistische Spielform konnte dadurch in jeder Beziehung aufgehoben werden, es folgte die Emanzipation des Schauspielers. Des Weiteren entwickelte Max Reinhardt eine Schauspielmethode, die sich die Suggestivkraft zu Nutze machte. Mit den Veränderungen in Geschichte und Gesellschaft sowie den technischen Fortschritten ist es nur selbstverständlich, dass sich auch die Aufführungspraxis weiterentwickelt. Die Entstehung einer durchkonstruierten Bühnentechnik ermöglichte eine neue, andere Ausübung des Schauspiels. Das Regietheater von Peter Zadek, Peter Stein und Hans Neuenfels entstand in den 1960er Jahren unter anderem auch als eine Reaktion auf ein unverändertes Bildungstheater. Hinter dem Begriff Regietheater steht hier der Gedanke, dass ein heutiges Publikum anders sozialisiert sei als das Publikum zur Zeit der Uraufführung eines Werkes. Diese nachfolgende Regiegeneration stellte das Prinzip der Werktreue durch Tradierung der Vorlage in die Neuzeit, Eigeninterpretation, Einsatz von verschiedensten theatralen und medialen Mitteln, Intertextualität, Montage, Kommentierung, Interkulturalität usw. nun gänzlich in Frage.

3. Relation von Werk und Inszenierung

3.1 Regietheater vs. Werktreue und Urheberrecht

Nachdem nun beschrieben wurde welche Elemente das Regietheater ausmachen und wie es entstanden ist, soll nun auf die Problematik der Werktreue eingegangen werden. Erika Fischer-Lichte bezieht sich auf drei verschiedene Prinzipien der Transformation eines Dramas.[13] Die lineare Transformation folgt dem genauen Textablauf und den darin enthaltenen Regieanweisungen. Die strukturelle Transformation geht von komplexen Teilstrukturen eines Dramas aus. Dabei spielen Elemente wie die Figur, der Raum und die Szene eine Rolle. Die Bedeutung dieser Teilstrukturen wird neu konstituiert, das heißt z.b., dass der Charakter dieser Figur erst herausgearbeitet wird. Bei der globalen Transformation bewegt man sich recht frei und nimmt den Sinn des Dramas als Ausgangspunkt. Von diesen verschiedenen Ansätzen ausgehend, ist es möglich eine literarische Vorlage theatral zu realisieren. Je nachdem können auf ein und der selben Vorlage basierend ganz unterschiedliche Neuinszenierungen entstehen. Genau dies ist der Knackpunkt, denn viele Leute erwarten eine möglichst originalgetreue Inszenierung wenn sie ins Theater gehen. Das Regietheater kann sich jedoch von der Werktreue lösen und bekommt somit einen größeren Spielraum Sprache, Inhalt und Kontext in eine Gegenwart zu tradieren und neue (multimediale) Mittel einzusetzen. Dadurch soll es vor allem für ein heutiges Publikum verständlicher gemacht werden, auch wenn eine sehr eigensinnige Bühnenästhetik manchmal genau das Gegenteil bewirkt. Erika Fischer-Lichter schrieb einmal:

> *„Theater ist eine Zeitmaschine. Alles, was es berührt und auf die Bühne bringt, verwandelt es in Gegenwart."*[14]

Eine schlüssige Aussage, denn jede Inszenierung bekommt auf Grund von gesellschaftlichen und sozialen Fortschritten und Entwicklungen unvermeidlich einen Gegenwartsbezug. In der Antike gab es keine Medien wie z.B. Videoprojektionen, also konnte man diese auch nicht einsetzen. Heutzutage ist eine Welt ohne multimedialen Einsatz kaum denkbar. Ein scheinbar banales Argument, aber es liegt einfach in der Natur des Menschen, dass er sich weiterentwickelt. Zwangsläufig muss sich also auch die Theaterpraxis weiterentwickeln.

---

[13] Fischer-Lichte 1985:42/43
[14] Fischer-Lichte 1985:37

Das Verhältnis zwischen Drama und Inszenierung ist weitaus unproblematischer, wenn es sich um zeitgenössische Stücke handelt. Bei Klassikern ist dies jedoch nicht der Fall. Eigene Kenntnisse der Lektüre und Rezeptionsgeschichte sowie vage Vorstellungen wie das Stück zu inszenieren sei, werden mit dem verglichen, was tatsächlich auf der Bühne zu sehen ist. Die Enttäuschung des Zuschauers ist um so größer, wenn die Inszenierung nicht seinen Erwartungshaltungen entspricht. Andererseits sind Theatergänger, die die Werke bereits kennen oftmals aber auch sehr gespannt auf die Schwerpunktverlagerung der Inszenierung, während andere, die dem Stoff das erste Mal begegnen sich auf Grund der Polyvalenz und der verschiedenen Lesarten überfordert fühlen.

Die klassischen Stücke sind noch zu Lebzeiten des Autors inszeniert worden und somit war deren Aufführungsweise festgelegt. Zwar ist der literarische Text anhand gattungsspezifischer Analysemethoden in seiner Struktur beschreibbar, sein Sinn lässt sich dadurch aber nicht unbedingt festmachen. Es scheint allerdings als durchaus sinnvoll Klassikern einen Gegenwartsbezug zu verleihen, ist der Inhalt nicht aussagekräftig genug und nicht eindeutig auf die heutige Zeit übertragbar. Um das Publikum in die Theater zu locken muss man sie ansprechen, muss man ihnen Inhalte verständlich machen. Unter Umständen mag dies jedoch auch heißen, dass sich eine Inszenierung vom eigentlichen Werk loslöst. Manchmal ist das Ursprungswerk dann nicht mehr erkennbar, was im Regietheater oftmals der Fall ist und das genau ist Problematik. Eine Inszenierung sollte einem Zuschauer nicht als etwas verkauft werden was es gar nicht ist. Man darf ihm keine Mogelpackung unterjubeln. Andererseits sollte man einem Stück auch nicht einfach nur einen neuen Titel geben, wenn doch klare Analogien mit der Vorlage existieren. Die größte Herausforderung ist demnach zu definieren ab wann eine Inszenierung zu weit entfernt von der Vorlage ist. Dies zu definieren ist jedoch schier unmöglich, da es keine klaren Kriterien sondern nur rein subjektive Ansichten gibt. Man könnte von verschiedenen Möglichkeiten ausgehen was die Werktreue betrifft. Ist eine Inszenierung werktreu wenn sie texttreu ist? Oder ist sie werktreu wenn sie sinntreu ist? Diese Fragestellungen könnte man bis ins Unendliche aufführen. Eine grobe Definition von Werktreue wäre z.B. folgende:

> *„Eine Inszenierung gilt als werkgetreu oder adäquat, wenn das Werk, so wie es ist, auf die Bühne gebracht wird und/oder die Inszenierung den Aufbau und Gliederungsprinzipien des Dramas folgt und/oder die theatralischen Zeichen der*

Aufführung die gleichen Bedeutungen haben, wie die entsprechenden Zeichen des Dramas. "[15]

Durch das und/oder in dieser Aussage wird sehr deutlich, dass es sich bei der Werktreue um einen recht offenen Begriff handelt. Der Begriff „Werktreue" hat sich erst Mitte des 20. Jahrhunderts in der Musikkritik etabliert. Damals war Werktreue zunächst ein Werturteil über die Arbeit eines Dirigenten. Zum ersten Mal tauchte der Begriff im Völkischen Beobachter am 1. März 1935 auf. Hier wurde Furtwänglers Dirigat eines Beethoven-Zyklus bewertet:

„Seine Vorzüge sind notenmäßige Werktreue, gutes rhythmisches Empfinden. "[16]

Werktreue bezeichnete also schon damals eine möglichst originalgetreue Orientierung an der Vorlage, in diesem Falle an der Partitur. Im Bildungszeitalter des 19. Jahrhunderts wurde der Begriff Werktreue „mit der Sicherung des bürgerlichen Theaters und der Wertschätzung der Stücke im kulturellen System"[17] assoziiert. Der Begriff der Werktreue ist mittlerweile zu einem Begriff der Provokation geworden. Bundespräsident Horst Köhler beklagte 2005 anlässlich einer Rede zu Ehren Friedrich Schillers das Fehlen von textgetreuen Aufführungen.[18] Diese Aussage wurde als Vorwurf gegen das zeitgenössische Theater aufgefasst und wirkte sich wie ein Tropfen auf dem heißen Stein aus. Um das Problem: Was ist eine werkgetreue Inszenierung? zu lösen, wurde dann der Textbegriff einfach erweitert. Heute gilt nicht mehr das Gesamtwerk als eigentliches Werk, sondern alle Vorlagen (Text, Partitur, Libretto) sind eigene Werke, die wiederum eine neues Werk, nämlich die Inszenierung, schaffen. Der Schöpfer dieses neuen Werks ist der Regisseur. Der Aufführungstext muss also nicht mehr unbedingt mit dem des Autors übereinstimmen. Nun ist es allerdings nicht so, dass ein Regisseur einer Inszenierung auch ein Urheberrecht hätte. Das Urheberrecht liegt immer noch beim Autor des Originals, denn die Autoren unterliegen selbst ökonomischem Druck auch auf dieses Recht zu beharren. Zudem kritisieren sie das Regietheater auf Grund seiner mangelnden Anerkennung und Ignoranz ihnen gegenüber.[19] Der Regisseur hingegen hat nur ein Leistungsschutzrecht, denn er ist im Gegensatz zum Autor

---

[15] Garaventa 2006:206
[16] Balme 2008:45 In: Gutjahr, O. (Hrsg.) Regietheater! Wie sich über Inszenierungen streiten lässt.
[17] Kim 2006:9
[18] http://www.goethe.de/kue/the/dos/dos/avr/de935416.htm (15.3.09 12:24 Uhr)
[19] http://www.goethe.de/kue/the/dos/dos/avr/de935631.htm (15.3.09 12:17 Uhr)

nicht schöpferisch tätig.[20] Dieser Aspekt scheint recht widersprüchlich. Wenn sich ein Regisseur in seiner Inszenierung zu sehr von der Vorlage löst und sein Werk von Kritikern und Publikum gar als neues oder anderes Stück gesehen wird, dann liegt es auch nahe, dass er schöpferisch tätig geworden ist.

3.2 Wie weit darf eine Inszenierung gehen?

Der Begriff Inszenierung ist heute ein allgegenwärtiger Begriff. Er steht in unmittelbarem Zusammenhang mit der Verwendung des Theaterbegriffs. Die Gesellschaft sowie jeder Einzelne, der diese Gesellschaft bildet inszeniert sich, stellt sich dar. Es fällt schwer die Grenzen zwischen Inszenierung und Realität zu ziehen. Wenn jemand auf der Bühne mit einem Messer erstochen wird und Theaterblut aus seiner Wunde rinnt, ist dieses Bild dann nicht real obwohl es inszeniert ist?

> *„Theatralität ist eine Realität oder Realitätsdimension jeder Kultur und Epoche, denn schon die ältesten Menschengruppen verfügten über Rituale und andere theatrale Mittel."*[21]

Das heißt, dass alles und jeder immer in irgendeiner Weise inszeniert sein kann. Realität und Fiktion nehmen auf einander Bezug. Ausgehend davon, dass man nie wissen kann, wann etwas inszeniert ist bzw. wann etwas inszenierte Wirklichkeit ist, heißt Inszenieren die Planung, Erprobung und Festlegung von Strategien durch die eine Aufführung performativ gemacht wird.[22] Laut der etymologischen Bedeutung des Begriffs der Inszenierung handelt es sich einerseits um das geplante, gestaltete Handeln und andererseits um die dramaturgische Bearbeitung des Handelns, die auf eine Effektdramaturgie abzielt.[23] Die Inszenierung des Selbst ist demnach eine Strategie der Selbstfindung oder Identitätssuche. Das geplante Auftreten und die Art und Weise sich nach Außen zu geben bezweckt eine bestimmte Wirkung auf die jeweilige Umwelt. Der Begriff bezieht sich auch auf eine spezielle Situation, die an einen Vorgang, der zu einer bestimmten Zeit an einem bestimmten Ort stattfindet und sich an ein Publikum wendet. Die einstige Risikogesellschaft wurde zunächst zu einer

---

[20] Garaventa 2006:202
[21] Garaventa 2006:106
[22] Fischer-Lichte 2005:146
[23] Garaventa 2006:118

Erlebnisgesellschaft und wird nun von der Inszenierungsgesellschaft abgelöst. Demnach könnte man jedes sich unter Menschen Begeben als eine Aufführung betrachten, wobei jede dieser Aufführungen ein einmaliges, theatralisches Ereignis des Menschen mit sich selbst und seiner Umwelt verstanden werden könnte.[24]

„Jede Inszenierung ist ein Vorgang des Handelns, aber nicht jedes Handeln ist Teil einer Inszenierung."[25]

Es ist fast unmöglich ständig an seiner persönlichen Wirkung nach Außen zu arbeiten, daher soll der Standpunkt alles sei inszeniert die Debatte über eine Inszenierungsgesellschaft als überspitzt darstellen. Dennoch versucht diese Kultur der Inszenierung ständig sich selbst in Szene zu setzen. Dies ist beispielsweise auch sehr gut in der Politik beobachtbar. Ein Charakter wird konstruiert, der nach Außen etwas repräsentieren soll, nämlich die Anschauungen und Vorhaben einer politischen Organisation.

„Als ästhetische und anthropologische Kategorie zielt der Begriff der Inszenierung auf schöpferische Prozesse, in denen etwas entworfen und zur Erscheinung gebracht wird. In spezifischer Weise wird Imaginäres, Fiktives und Reales zueinander in Beziehung gesetzt."[26]

Dies ist es auch was das Regietheater versucht. Inszenierungen im Sinne des Regietheaters spielen mit der Vermischung von Inszenierung und inszenierter Realität. Die Welt ist eine Bühne, weil sie nur Schein ist. Deshalb kann Theater auch als eine sichere Repräsentation der Welt fungieren. Die Frage: Wie weit darf eine Inszenierung gehen bringt wieder die Frage mit sich wie weit sich eine Inszenierung von der Vorlage entfernen darf? Mittlerweile verwendet man den Begriff nicht mehr ausschließlich in Anlehnung an Werktreue, da es die einzige richtige Interpretation eines Werkes nicht gibt. Die Inszenierung ist mehr als die bloße Bebilderung eines literarischen Textes. Da das Theater im weitesten Sinne eine freie Anstalt sein sollte, ist die Frage wie weit eine Inszenierung gehen darf nicht wirklich zu beantworten. Das Regietheater ordnet verschiedene theatrale Elemente zu einem neuen Gesamten an. Dieses Gesamte kann durch eine andere Anordnung jedoch auch ganz anders aussehen. Es sind also nur subjektive Antworten auf die Fragestellung zu finden. Tatsache ist jedoch, dass die

---

[24] Garaventa 2006:113/114
[25] Garaventa 2006:118
[26] Garaventa 2006:116 In: Gutjahr, O. (Hrsg.) Regietheater! Wie sich über Inszenierungen streiten lässt.

Inszenierung im Sinne des Regietheaters sowie Gewinne als auch Verluste mit sich bringt (siehe Fazit).

4. Regietheater im Spannungsfeld

Inszenierungen im Sinne des Regietheaters stehen stets in einem Spannungsfeld. Die Regisseure werden kritisiert sie würden sich in ihren Inszenierungen nur selbst verwirklichen aber dem klassischen Stück an sich nicht gerecht werden. Dabei ist das Regietheater sehr dynamisch und erfindungsreich. Man assoziiert Begriffe wie Ideen, Provokation aber auch Konfrontation mit Tradition. Oftmals haben Inszenierungen im Stil des Regietheaters eine negative Konnotation und geraten somit in die Debatte um Werktreue und in die Diskussion was alles auf der Bühne gezeigt werden darf und was nicht. Dabei sollte die jeweilige Institution ihren Kulturauftrag natürlich nicht vergessen. Das Besondere am Theater ist eben gerade, dass es Spielraum hat, das Publikum muss sich nur auf Neues einlassen. Aber dies muss es im alltäglichen Leben ununterbrochen, warum also nicht auch im Theater?

„Das Alleinstellungsmerkmal des Theaters ist nicht seine generelle Anpassungsfähigkeit: Die Bühne ist vielmehr das Reservat für die komplexe Narration, und der Job von Intendanten, Regisseuren und Schauspielern ist es, mit Überforderung zu unterhalten. Dies stiftet Gemeinsinn für die spezielle Klientel, für die das Theater als Ort von geistiger Erweiterung mit darstellenden, künstlerischen und sprachlichen Mitteln alternativlos ist.“[27]

Theater ist aber auch immer ein Zeitzeuge und dokumentiert durch seine Inszenierungen die Veränderungen, Entwicklungen und Fortschritte einer Gesellschaft. Nun hat ein Theater nicht ausschließlich die Funktion kultureller Archivierung, sondern es hat auch einen eigenen künstlerischen Anspruch. Theater gehört immer noch zu den Künsten und so möchte jede Institution ihren Vorstellungen gerecht werden und sich in gewissen Maßen frei entfalten und ausprobieren können. Da ein Theaterhaus auch ökonomischen Zwängen unterliegt, ist es nicht immer ganz einfach sich frei zu entfalten. Einige Häuser sind wegen ihrer modernen Inszenierungen getreu dem Regietheater bekannt und werden gerade deshalb gemocht. Viele Häuser können sich jedoch nicht so viel Experimentelles wagen, denn um gewisse

---

[27] Briegleb 2006:84/85

Auslastungszahlen zu sichern bleibt man lieber „klassischen" Inszenierungen treu und stellt die Gewohnheiten des Publikums eher selten auf die Probe. Dieser Aspekt widerspricht fast dem Punkt, dass ein Theaterhaus trotzdem eine innovative Herangehensweise bezüglich der Spielpläne haben sollte. Es ist sehr schwierig dem Publikum gerecht zu werden. Einerseits möchte es die heiligen Klassiker unverletzt auf der Bühne sehen und andererseits ist es durchaus in der Lage sich auf gewisse Trends, die es auch innerhalb des Theaters gibt, einzulassen. Es sind vor allem junge Leute, die sich neueren Inszenierungsarten oder gar Inszenierungs-Moden mehr öffnen. Durch die steten gesellschaftlichen Veränderungen müssen sie auf diese Veränderungen flexibel reagieren können. Andere hingegen sind genervt von Nacktheit oder Gewalt auf der Bühne, von live Kameras und Essensschlachten. Zu den ökonomischen Zwängen gehört auch, dass einer Inszenierung oftmals nur eine gewisse Summe an Geldern zusteht. Nicht jedes Theaterhaus kann sich demnach leisten Abend für Abend eine Essensschlacht auf der Bühne zu finanzieren. Es scheint als Herausforderung die richtige Balance zwischen modernen und klassischen Inszenierungen zu finden um es dem Zuschauer recht zu machen, aber ohne das der eigene künstlerische Anspruch des Hauses dabei verloren geht.

5.   Cole Porters Musical *Kiss me Kate* in einer Neuinszenierung

5.1   *Kiss me Kate* als Adaption der Widerspenstigen Zähmung

Kiss me Kate ist ein Musical von Cole Porter und basiert auf William Shakespeares Komödie „Der Widerspenstigen Zähmung". Das Libretto zum Musical schrieben Samuel und Bella Spewack. 1948 feierte es seine Uraufführung im Century Theatre, New York. Die Neuinszenierung von Barrie Kosky, die hier als Ausgangspunkt dienen soll, feierte am 31.5.2008 an der Komischen Oper, Berlin ihre Premiere. Seit dem war jede Vorstellung ausverkauft. *Kiss me Kate* ist ein Evergreen des internationalen Musiktheaters und gilt als das Musical, welches dieses Genre in Deutschland erst bekannt gemacht hat. 1955 gab es eine deutsche Übersetzung „Küss mich Kätchen" von Günter Neumann. In dieser Inszenierung jedoch bearbeitete die Autorin Susanne Felicitas Wolf die deutsche Fassung. Barrie Koskys Inszenierung kann man sich wie folgt vorstellen:

Der Regisseur spielt „mit der Gattung Musical und ihren Elementen: Das Sentimentale, Triviale, der Glamour, die platt herausgestellten Gefühle – alles das ist immer ganz bewusst eine Spur übertrieben. Kosky bedient sich bei einer Fülle anderer irgendwie mehr oder weniger verwandter Genres von der Klamotte über die Commedia dell'arte, Farce, Slapstick, Kasperletheater bis hin zu Travestie und Varieté. "[28]

„Statt Pseudo-Renaissance-Anzügen fährt Kostümbildner Alfred Grünberg Cowboy – Outfits auf, falsche Bärte, Billigperücken, Seventies-Grausamkeiten, gestreifte Röhrenhosen und Pailletten, Pailletten, Pailletten. Friedrichstadtpalast meets Christopher Street Day: Alles, was hier nicht glitzert, ist nackte Haut. Otto Pichler hat supersexy Choreographien für die durchtrainierten Körper erfunden, beim Opening ist die Bühne ein einziger Wirbel aus Armen, Beinen, Busen und Waschbrettbäuchen. Dagegen kommt keine aircondition an: Es ist – mit einer der Glanznummern des Musicals gesprochen – einfach viel zu heiß. "[29]

Das Genre Musical entstand in den 1920/30er Jahren in New York und vereint verschiedene Traditionen. Europäische Operette, Black Jazz und jiddische Comedy bzw. Vaudeville zusammen ergaben ein neues Genre, wie es erfolgreicher kaum sein konnte.

Das Stück im Stück hat drei verschiedene Handlungsstränge und spielt auf zwei Ebenen. Es gibt die Geschichte zwischen Lilli Vanessi und Fred Graham hinter der Bühne als erste Ebene. Sie leben eigentlich getrennt, arbeiten aber immer noch miteinander in einem Theater. Dies ist die zweite Ebene, nämlich das Geschehen auf der Bühne. Der zweite Handlungsstrang ist die Romanze zwischen Lois Lane und Bill Calhoun, ein Spieler, dessen Pläne endlich zu heiraten nicht so recht voran kommen, was wohl auch an der Fragwürdigkeit der Treue seiner Lois liegt. Und dann gibt es da noch die eigentliche Shakespeare Geschichte der Widerspenstigen, die sich nicht zähmen lässt. Diese Handlungsstränge sind auch in Shakespeares Vorlage der Widerspenstigen Zähmung wiederzufinden. In Porters Musical gibt es leichte Abweichungen der Handlung. So z.B. die Tradierung der Kesselflickerszene als Ausgangspunkt für das Stück im Stück in eine Welt des Showbusiness im Amerika des 20. Jahrhunderts. Ein großer Unterschied ist auch das Hinzufügen von Musik und Songtexten, denn wie bereits erwähnt handelt es sich bei *Kiss me Kate* um ein Musical.

Das Leben hinter der Bühne wird thematisiert und ermöglicht dem Publikum eine doch recht private Einsicht in das Leben von Fred und Lilli. Zusätzlich bekommt der Zuschauer aber

---

[28] http://www.kulturradio.de/_/beitrag_jsp/key=1455895.html 4.7.2008 13:40 Uhr
[29] „Glitter der Kokosnuss" In: Der Tagesspiegel 2.6.08

auch einen Einblick in das Leben des Schowbusiness mit all seinen Rauf- und Saufgeschichten, der Promiskuität, den Allüren, aber auch mit seinen Existenzkämpfen.

5.2 Beschreibung der Neuinszenierung als Regietheater

Um eine Inszenierung zu analysieren bieten sich folgende Fragen als Leitfäden an: Was wurde aus dem Original ausgewählt? Wie wurde das Ausgewählte dargestellt? Welche Mittel wurden dafür benutzt? Gibt es stilbildende Merkmale?

Der Shakespeare-Stoff der Widerspenstigen Zähmung wurde nun schon von Cole Porter adaptiert, deshalb hat sich an der Musical Vorlage auch in Barrie Koskys Inszenierung inhaltlich nicht wirklich viel verändert. Allerdings thematisiert er nicht nur das Leben im Showbusiness sondern setzt einen Schwerpunkt auf Cole Porters Homosexualität. Er hat das Stück in einen neuen Kontext gesetzt welcher durch seine mehr als übertriebene Darstellungsweise sehr gut auf der Bühne funktioniert. Diese Schwerpunktverlagerung liegt nahe und kann deshalb so gut funktionieren, weil das Musical mit all seinen Tanzeinlagen, Showeffekten und übertriebenen Darstellungsweisen auch als die schwule Kunstform gilt. Bereits vor der sexuellen Revolution in den 1960er Jahren verstand es Cole Porter durch die Zweideutigkeit seiner Songs das homosexuelle Publikum anzusprechen. Selbstverständlich waren sie diejenigen, die diese versteckten Hinweise und Witze verstanden. Viele der männlichen Theaterschaffenden waren homosexuell und waren als Komponist, Sänger, Tänzer, Choreograph, Ausstatter oder Kostümbildner tätig. Da sie sich aber vor der sexuellen Revolution nicht als homosexuell bekennen durften und sich eher verstecken mussten (auch Porter führte zum Schein eine Ehe mit einer Frau), liebten sie vielleicht gerade deshalb das Musical und das Theater. Hier schlüpfte jeder in eine Rolle. Wenn es irgendwo Glanz und Glamour gab, dann am Theater.

Um diesen Kontext noch stärker zu verdeutlichen, hat Kosky das gesamte Stück ordentlich erotisiert. Zweideutige Texte, viel Körperlichkeit und nackte Haut, sowie jede Menge sexuelle Anspielungen führen zu einer „aufgesexten" Bühnenshow. Dabei spielen Bühnen- und Kostümbild natürlich eine große Rolle. Ausgehend von dem Künstlerkollektiv The Cockettes aus San Francisco sind die schrill-schrägen Cowboy Kostüme entstanden. The Cockettes arrangierten in den 1970er Jahren verrückte Gay-Drag-Happenings wo Verkleidungen wie Fellkostüme, Masken, bunte Perücken und Pailletten entstanden sind.[30] Diesen Look findet

---

[30] Programmheft der Komischen Oper S. 9

man nun auch in der Inszenierung an der Komischen Oper wieder. Natürlich wird hier auch mit einem bestimmten Schwulenklischee gespielt. Dieses Spiel wird jedoch bis aufs Äußerste getrieben ohne lächerlich zu wirken. Viel mehr stärkt dies die komischen Elemente, die es auch in Porters Vorlage gibt. Hier bekommen Frauen plötzlich Bärte und die zwei Ganoven, die versuchen Fred zu erpressen tauchen plötzlich als Brautjungfern in Kleidern auf. Das Vertauschen der Geschlechterrollen ist ein zusätzlicher Faktor, der den neuen Kontext nur unterstützt. Mit Songtexten wie „Any Tom, Harry or Dick, a dicka dick, a dicka dick"[31] werden natürlich die verschiedenen Interpretationsmöglichkeiten verstärkt. Auch „Always true to you in my fashion" verdeutlicht die Orgien, die mit der Tätigkeit im Showbusiness mit einher gehen. Hierbei handelt es sich jedoch um den Originaltext. Es soll verdeutlicht werden, dass Porters Vorlage schon viele Elemente mit sich bringt, welche Kosky in seiner Inszenierung an der Komischen Oper aufgegriffen und in mehr als übertriebener Art und Weise dargestellt hat. Er versteht es besonders gut jeden noch so kleinen Wink aus der Vorlage aufzugreifen und zu inszenieren. Selbst wenn das Stück nun in einen anderen Kontext gesetzt wurde, wird weder die Geschichte, noch die Musik dabei verletzt. Viel mehr werden all die komischen Elemente aufgegriffen und noch weiter ausgearbeitet. Die kleinen Clownsnummern könnten sogar eine Anspielung auf die Shakespearische Bühnenpraxis sein. Angesichts des heutigen Zeitalters funktioniert die Komik und der Witz in der Sprache heute natürlich viel besser, als die Poesie und die metaphorische Sprache, die Shakespeare in seiner Zeit verwendet hat. Eine zeitgenössische Sprache, Wortwitz, derber Humor, Spitznamen und Reime finden auch in der Textfassung von Susanne Felicitas Wolf großen Anklang, genauso wie zu Cole Porters Zeiten.

Trotz dieser so ganz anderen Inszenierung von Barrie Kosky trifft sie auf große Begeisterung, genauso wie auf Verständnislosigkeit. Wer sich hier über fehlende Werktreue beschwert, der hat wohl vergessen, dass bereits Cole Porter sich an Shakespeares Vorlage bedient hat. Hinzu kommt der Medienwechsel von einem Sprechtheaterstück zu einem Musical. Eine Neuinszenierung schadet der Vorlage doch nicht, es bringt ihr höchstens einen Gewinn. Nicht alles was postmodern ist funktioniert auf der Bühne, aber grundsätzlich ist das Theater auch dafür da auszuprobieren. Gerade in dieser Inszenierung handelt es sich doch immer noch um Porters Musical *Kiss me Kate*. Der Text wurde ein wenig verändert, das Bühnen- und das Kostümbild versetzen es an einen etwas extravaganteren Schauplatz, aber es handelt sich immer noch um den Schauplatz eines Theaters. Auch die Geschichte von Fred Graham und

---

[31] Programmheft der Komischen Oper S. 25

Lilli Vanessi, sowie Lois Lane und Bill Calhoun sowie die eigentliche Shakespeare Geschichte bleiben die selben.

III Fazit

Es ist der Lauf der Dinge, der für Weiterentwicklung und Forschritt in unserer Gesellschaft verantwortlich ist. Nun sind wir im 21. Jahrhundert angekommen und durch diverse gesellschaftliche, historische und technische Veränderungen, kam es auch zu Neuerungen im Theater. In dieser Arbeit steht die Bühnenpraxis, sprich die Inszenierung, im Vordergrund. Es wurde verdeutlicht, dass der einstige Spielleiter und heutige Regisseur mittlerweile andere Aufgaben übernommen und für sich und seine Inszenierung einen ganz eigenen künstlerischen Anspruch entwickelt hat. Die Debatte um die Werktreue scheint kein Ende zu finden und man muss sich fragen, ob diese Debatte überhaupt von Nöten ist? Wenn Goethe in seinem Zeitalter Shakespeare unter der Verwendung einer eigenen Textfassung von Romeo und Julia inszeniert hat, beschwerte sich niemand darüber. Es handelte sich immer noch um ein Shakespeare Stück.

Wenn Barrie Kosky seine Inszenierung des Musicals Kiss me Kate in einen anderen, weiteren Kontext setzt, handelt es sich auch hier immer noch um Cole Porters Kiss me Kate. Oftmals werden Strukturen, Texte, Inhalte verändert, aber selten verlieren sie dabei ihren Ursprung. Und selbst wenn sie dies tun, verlieren sie vielleicht ihren einstigen Kontext, gewinnen aber gleichzeitig etwas Neues dazu. Grundsätzlich geht den Klassikern, die im Sinne des Regietheaters inszeniert werden nichts verloren. Auch braucht man nicht zu befürchten, sie würden aussterben bzw. von modernen Inszenierungen abgelöst werden, sodass das eigentliche Kulturgut mit der Zeit verloren ginge. Ich vertrete die Meinung, dass es immer klassische Inszenierungen sowie moderne Inszenierungen geben wird, denn das Publikum ist breit gefächert. Wie alles im Leben ist auch die Theaterästhetik Geschmacksfrage. Zudem ist an der Geschichte des Theaters erkennbar, dass es stets Reformer gegeben hat, auch wenn sie sich nicht immer grundsätzlich mit ihren Ideen durchsetzen konnten. Dennoch leisteten sie ihren Beitrag zu einer anderen Bühnenästhetik. Das Schöne am Theater ist doch, dass es eigentlich viele Freiheiten hat. Wenn nicht am Theater, wo sonst, kann man sein eigenes ästhetischen Empfinden so ausleben? Wenn man die Gewohnheiten des Zuschauers auf die Probe stellt, ist dies nur eine neue Herausforderung, die man ab und an ruhig annehmen sollte. So überdenkt man seine Gewohnheiten im Allgemeinen, denn manchmal zieht das

Weltgeschehen an einem vorbei und man bemerkt keinerlei Veränderungen. Man stagniert in seinem eigenen Handlungstrott. Sicherlich fühlen sich viele Theatergänger von modernen Inszenierungen überfordert, aber man sollte auch mal neue Erfahrungen machen und sich dem Ungewohnten stellen. So lange ein Konzept hinter der Inszenierung steht, sie in sich stimmig ist und auf der Bühne funktioniert, sollte im Theater doch alles erlaubt sein. Es gibt immer Verfechter der Tradition und Verfechter der Moderne. Die Geschmacksfrage ist auch bei klassischen Inszenierungen stets subjektiv. Und da es nun mal keine wirklich werkgetreue Inszenierung geben kann, scheint die Auseinandersetzung mit der Frage: Wie weit darf eine Inszenierung gehen und was ist dann mit der Werktreue als recht absurd.

„Denn ohne Stress keine Evolution. Auch nicht im Theater."[32]

---

[32] Briegleb 2006:89 In: Gutjahr (Hrsg.) Regietheater! Wie sich über Inszenierungen streiten lässt.

Literaturverzeichnis

Cocchi, Jeanette F. (Hrsg.) "Kiss me, Kate". In: *Lehman Engel's criteria for libretti as applied to four musical adaptations of Shakespeares plays on the Broadway stage.* New York: New York University 1983. S. 85-139.

Döhring, Sieghart. „Gedanken zum Regietheater". In: Kühnel, Jürgen; Müller, Ulrich & Oswald Panagl (Hrsg.). *Regietheater. Konzeption und Praxis am Beispiel der Bühnenwerke Mozarts; mit einem Anhang zu Franz Schreker "Die Gezeichneten"; Vorträge des Salzburger Symposions 2005.* Anif: Mueller-Speiser 2007. S. 31-34.

Fischer-Lichte, Erika (Hrsg.) „Was ist eine werkgetreue Inszenierung? Überlegungen zum Prozess der Transformation eines Dramas in eine Aufführung". In: *Das Drama und seine Inszenierung.* Tübingen: Max Niemeyer 1985.

Fischer-Lichte, Erika. „Stichwort Inszenierung". In: Fischer-Lichte, Erika; Kolesch, Doris & Matthias Warstat (Hrsg.) *Metzler Lexikon Theatertheorie.* Stuttgart und Weimar: J.B. Metzler 2005. S. 146-153.

Garaventa, Alexandra (Hrsg.) *Regietheater in der Oper. Eine musiksoziologische Untersuchung am Beispiel der Stuttgarter Inszenierung von Wagners Ring des Nibelungen.* München: Martin Meidenbauer 2006. S. 7-205.

Gutjahr, Ortrud (Hrsg.) *Regietheater! Wie sich über Inszenierungen streiten lässt.* Würzburg: Königshausen & Neumann 2008.

Hanssen, Frederik „Glitter der Kokosnuss" In: *Der Tagesspiegel* vom 2.6.08

http://www.goethe.de/kue/the/dos/dos/avr/deindex.htm 15.3.09 12:08 Uhr (Beiträge zum Thema Autorentheater vs. Regietheater).

Kim, Yun Geol (Hrsg.) *Der Stellenwert Max Reinhardts in der Entwicklung des modernen Regietheaters. Reinhardts Theater als suggestive Anstalt.* Trier: Wissenschaftlicher Verlag 2006.

Meyer, Birgit. „Regietheater im Spannungsfeld zwischen künstlerischem Anspruch, Kulturauftrag, ökonomischen Zwängen und Kulturpolitik am Beispiel der Volksoper Wien." In: Kühnel, Jürgen; Müller, Ulrich & Oswald Panagl (Hrsg.). *Regietheater. Konzeption und Praxis am Beispiel der Bühnenwerke Mozarts; mit einem Anhang zu Franz Schreker "Die Gezeichneten"; Vorträge des Salzburger Symposions 2005.* Anif: Mueller-Speiser 2007. S. 100-112.

Moninger, Markus. *Shakespeare inszeniert.* In: Bayersdörfer, Hans-Peter; Borchmeyer, Dieter & Andreas Höfele (Hrsg.) Theatron. Studien zur Geschichte und Theorie der dramatischen Künste. Tübingen: Niemeyer 1996.

Müller, Ulrich. „Problemfall Oper? Werktreue, Originalklang, Regietheater: Essay zu einem aktuellen Problem des Musiktheaters." In: Kühnel, Jürgen; Müller, Ulrich & Oswald Panagl (Hrsg.). *Regietheater. Konzeption und Praxis am Beispiel der Bühnenwerke Mozarts; mit einem Anhang zu Franz Schreker "Die Gezeichneten"; Vorträge des Salzburger Symposions 2005.* Anif: Mueller-Speiser 2007. S. 35-53.

Programmheft zum Musical Kiss me Kate. Komische Oper Berlin 2008.

Shakespeare, William. *Der Widerspenstigen Zähmung.* Husum: Hamburger Lesehefte 2006.

Suerbaum, Ulrich (Hrsg.) *Der Shakespeare-Führer.* Stuttgart: Reclam 2006.

Theater & Co: Shakespeare-Bestandsaufnahme. Beitrag auf Arte vom 22.2.09 um 11:05 Uhr.

Ingram Content Group UK Ltd.
Milton Keynes UK
UKHW010841190423
420422UK00004B/304

9 783640 369850